Impressum
Verlag: BABADADA GmbH, Nedderfeld 112 , 22529 Hamburg
Geschäftsführer / Verlagsleitung: Harald Hof
Druck: Books on Demand GmbH, In de Tarpen 42, 22848 Norderstedt

Imprint
Publisher: BABADADA GmbH, Nedderfeld 112 , 22529 Hamburg, Germany
Managing Director / Publishing direction: Harald Hof
Print: Books on Demand GmbH, In de Tarpen 42, 22848 Norderstedt

dibistan
koulu

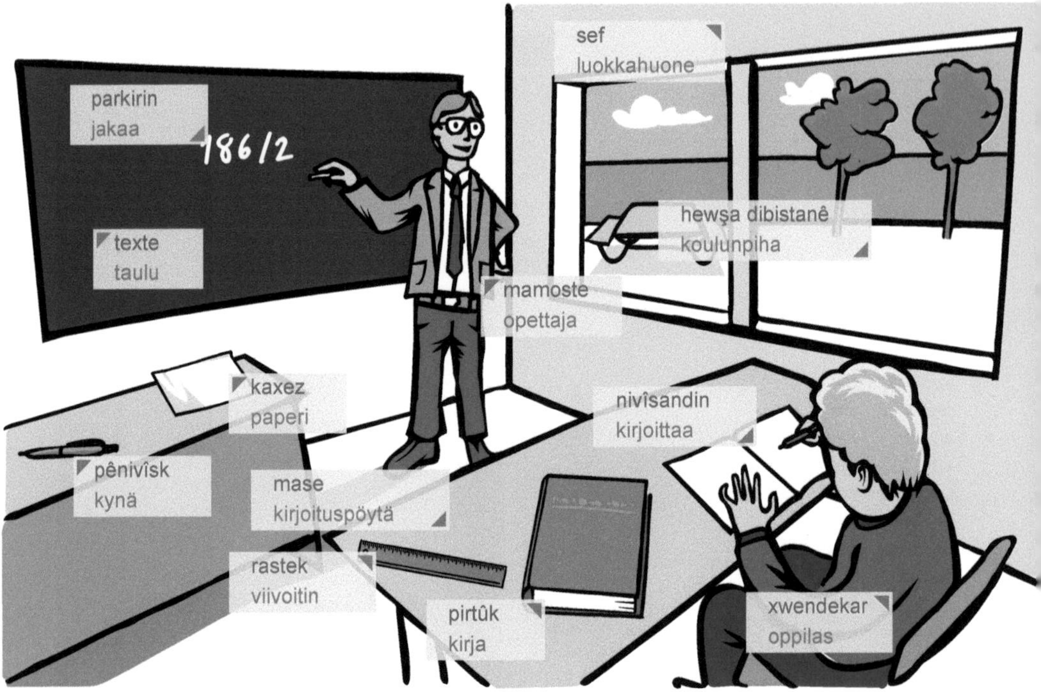
sef
luokkahuone
parkirin
jakaa
186/2
texte
taulu
hewşa dibistanê
koulunpiha
mamoste
opettaja
kaxez
paperi
nivîsandin
kirjoittaa
pênivîsk
kynä
mase
kirjoituspöytä
rastek
viivoitin
pirtûk
kirja
xwendekar
oppilas

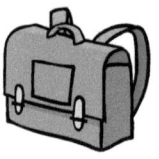

çewal

reppu

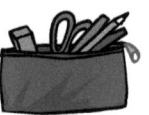

qûtî nivîstok

penaali

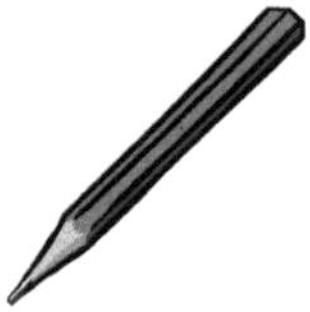

qelemrisas

lyijykynä

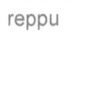

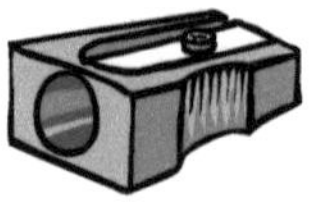

nivîstok tûjkir

kynänteroitin

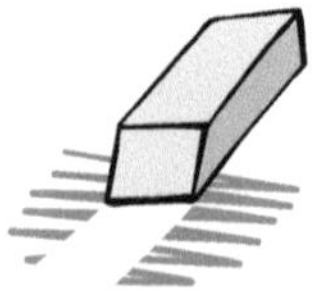

jêbir

pyyhekumi

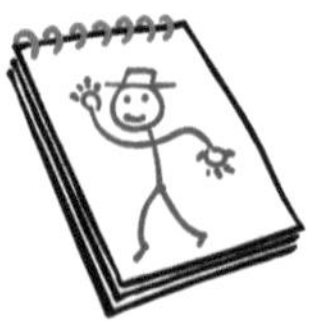

nivîska nîgarê

piirustuslehtiö

nîgar

piirustus

firçeya rengê

pensseli

qûtî reng

vesivärit

meqes

sakset

lezaq

liima

pirtûka fêrbûn

harjoituskirja

wezîfa malê

kotitehtävä

12

hejmar

luku

2+2

zêdekirin

lisätä

5-2

derxistin

vähentää

2×2

zêdekirin

kertoa

hesibandin

laskea

A

tîp

kirjain

ABCDEFG HIJKLMN OPQRSTU VWXYZ

alfabe

aakkoset

hello

peyv

sana

nivîsê
....
teksti

xwandin
....
lukea

geç
....
liitu

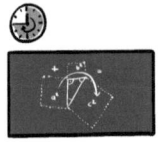

ders
....
oppitunti

qeydkirin
....
opettajan muistikirja

îmtîhan
....
koe

şehade
....
todistus

kinca dibistanê
....
koulupuku

perwerdehî
....
koulutus

zanistname
....
sanakirja

zanîngeh
....
yliopisto

mîkroskûp
....
mikroskooppi

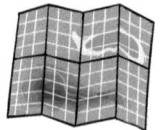

xerîte
....
kartta

sepeta kaxezê
....
roskakori

rêwêtî

matka

mêvanxane
hotelli
Grand
mêvanxane
retkeilymaja
ROOMS
CHANGE
ofîsa pere veguhartinê
rahanvaihto
cente
matkalaukku
maşîn
auto

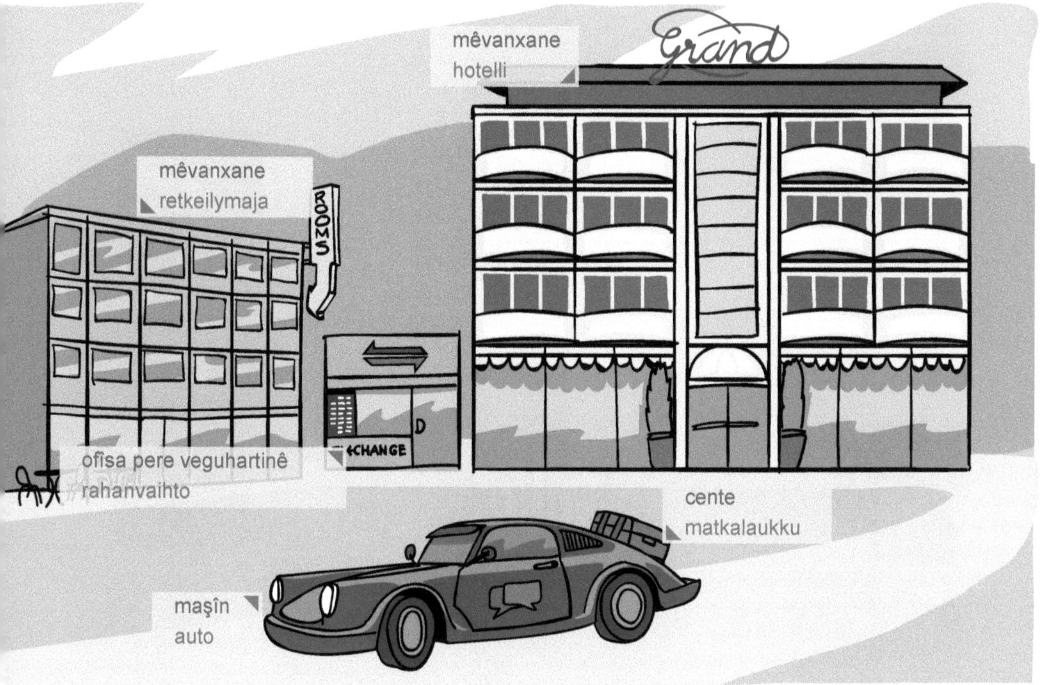

ziman

kieli

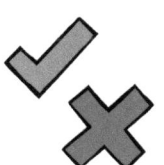

belê / na

kyllä / ei

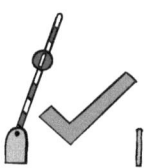

baş

selvä

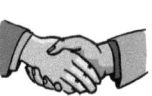

silav

hei

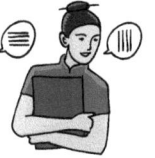

wergêra nivîskî

tulkki

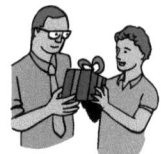

sipas

kiitos

bihayê ... çi qase?

Paljonko...maksaa?

ez fam nakim

en ymmärrä

pirsgirêk

ongelma

êvarbaş!

Hyvää iltaa!

beyanî baş!

Hyvää huomenta!

şev baş!

Hyvää yötä!

xatirê te

näkemiin

alî

suunta

hûrmûr

matkatavarat

çente

laukku

çente pişt

reppu

mêvan

vieras

ode

huone

came xew

makuupussi

çadir

teltta

agagiyên gerokan

turisti-info

rexê avê

ranta

kartê qerzê

luottokortti

taştê

aamupala

firavîn

lounas

şîv

päivällinen

kart

matkalippu

asansor

hissi

pûl

postimerkki

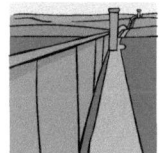

tixûb

raja

gumirk

tulli

balyozxane

suurlähetystö

vîza

viisumi

pasaport

passi

guhaztin

kuljetus

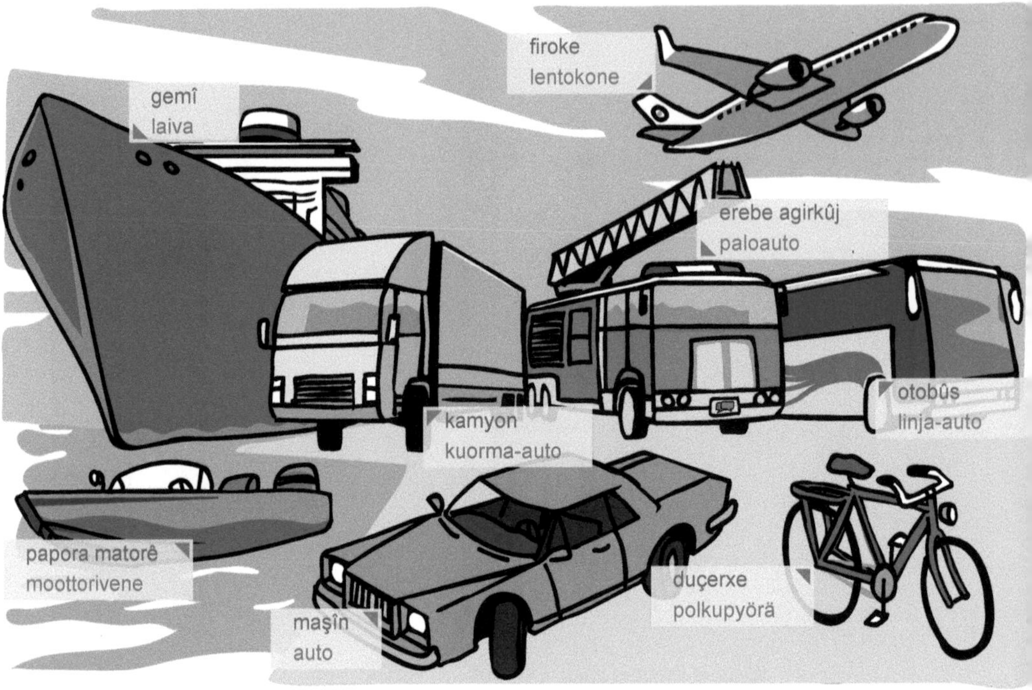
firoke
lentokone
gemî
laiva
erebe agirkûj
paloauto
otobûs
linja-auto
kamyon
kuorma-auto
papora matorê
moottorivene
duçerxe
polkupyörä
maşîn
auto

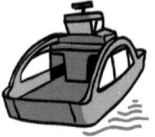

papor

lautta

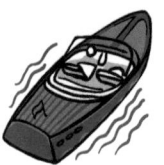

papor

vene

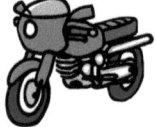

motorsîklêt

moottoripyörä

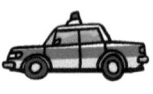

trimbêla polîsê

poliisiauto

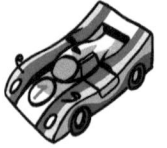

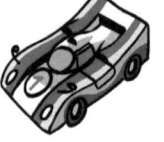

trimbêla pêşbaziyê

kilpa-auto

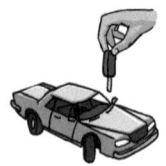

erebe kirêkirinê

vuokra-auto

maşîn pervekirin

car sharing

kamyona kişandinê

hinausauto

kamyona xwelî

roska-auto

motorsîklêt

moottori

mazot

polttoaine

îstegeha benzînê

huoltoasema

tabloya tirafîkê

liikennemerkki

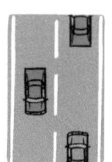

hatinûçûn

liikenne

tirafîk

ruuhka

cihê parkê

parkkipaikka

rawesteka trênê

rautatieasema

rêç

raiteet

trên

juna

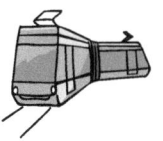

trênê kolanê

raitiovaunu

erebe

vaunu

babirok

helikopteri

balafirgeh

lentokenttä

birc

lähilennonjohto

misafir

matkustaja

qûtî

kontti

qûtî

pahvilaatikko

girgirok

kärryt

selik

kori

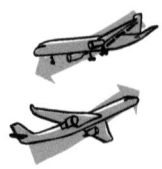

rabûn / nîştin

nousta / laskea

bajar
kaupunki

gund

kylä

navenda bajarê

keskusta

xanî

talo

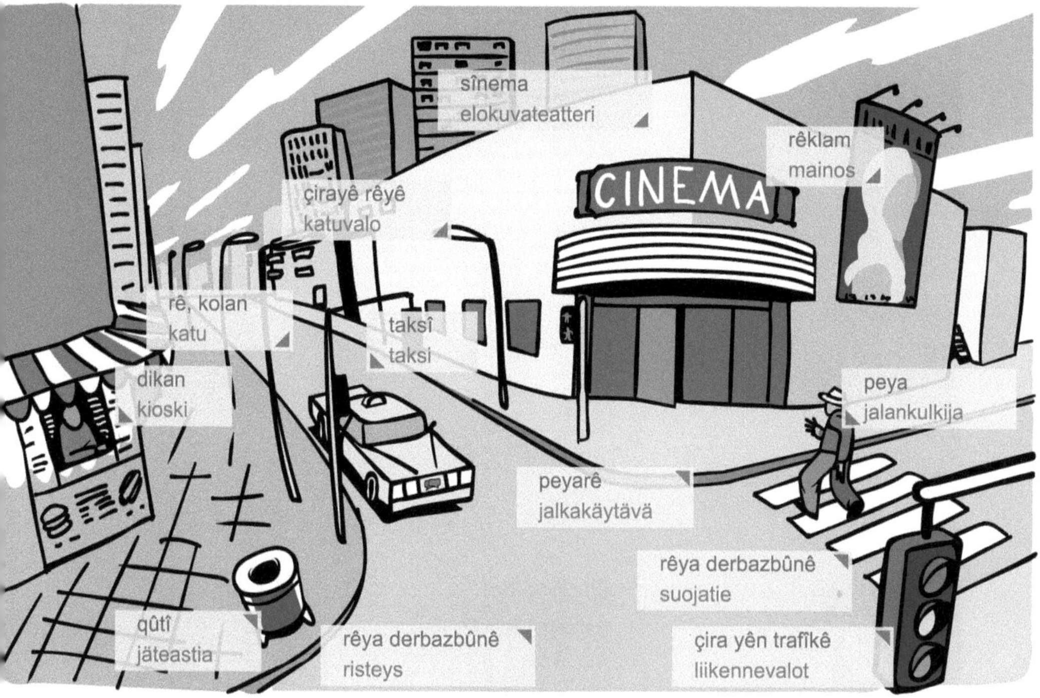

sînema
elokuvateatteri

rêklam
mainos

çirayê rêyê
katuvalo

CINEMA

rê, kolan
katu

taksî
taksi

dikan
kioski

peya
jalankulkija

peyarê
jalkakäytävä

rêya derbazbûnê
suojatie

qûtî
jäteastia

rêya derbazbûnê
risteys

çira yên trafîkê
liikennevalot

kox
mökki

xanî
kerrostalo

rawesteka trênê
rautatieasema

telara şarevanî
kaupungintalo

mûzexane
museo

dibistan
koulu

zanîngeh

yliopisto

bank

pankki

nexweşxane

sairaala

mêvanxane

hotelli

dermanxane

apteekki

ofîs

toimisto

kitêbfiroşî

kirjakauppa

dikan

liike

gulfiroş

kukkakauppa

bazar

supermarketti

bazar

tori

supermarket

tavaratalo

masîfiroş

kalakauppias

navenda kirrîn

ostoskeskus

bender

satama

park

puisto

sekû

penkki

pir

silta

derince

portaat

jêr erdê

metro

tunnel

tunneli

îstgeha otobûs

linja-autopysäkki

bar

baari

xwaringeh

ravintola

sindûqa postê

postilaatikko

nîşanderka rêyê

katukyltti

metra parkîngê

parkkimittari

baxça heywanan

eläintarha

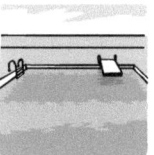

hewza melevanî

uimala

mizgeft

moskeija

cotgeh
maatila

lewitandina derdor
ympäristön saastuminen

goristan
hautausmaa

kenîse
kirkko

erdê leyistinê
leikkikenttä

perestgeh
temppeli

tebîet

maisema

gela
lehti

nîşanderka rê
tienviitta

rê
tie

mêrg
niitty

kevir
kivi

gerok
retkeilijä

dar
puu

çem
joki

giya
ruoho

kulîlk
kukka

dol

laakso

gir

vuori

gol

järvi

daristan

metsä

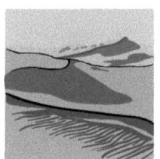

beyaban

aavikko

volkan

tulivuori

keleh

linna

keskesor

sateenkaari

kivark

sieni

darqesp

palmu

mixmixk

hyttynen

mêş

kärpänen

mêrî

muurahainen

hing

mehiläinen

pîrê

hämähäkki

kêzik

kovakuoriainen

beq

sammakko

sihor

orava

jîjok

siili

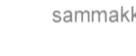

kerguh

jänis

pepûk

pöllö

çivîk

lintu

qû

joutsen

berazê kovî

villisika

pezkovî

peura

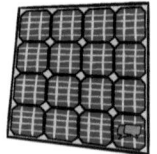

pezkovî

hirvi

bendav

pato

tûrbîna ba

tuulimylly

panela xorê

aurinkopaneeli

av û hewa

ilmasto

xwaringeh
ravintola

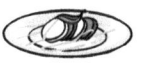

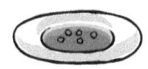

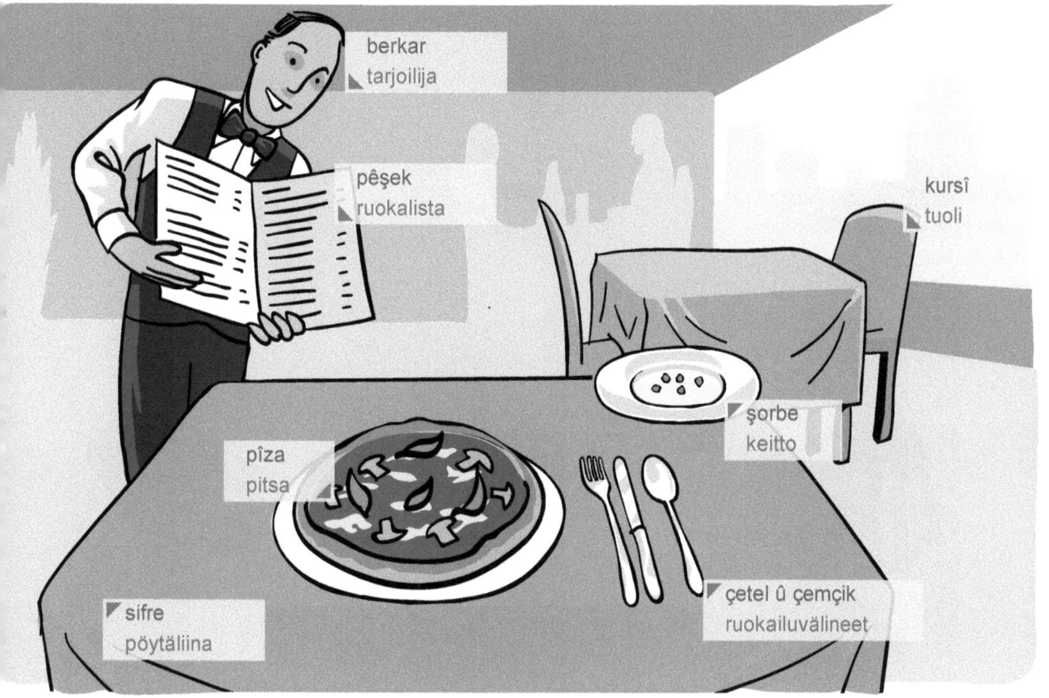
berkar
tarjoilija
pêşek
ruokalista
kursî
tuoli
şorbe
keitto
pîza
pitsa
çetel û çemçik
ruokailuvälineet
sifre
pöytäliina

xwarina destpêk

alkuruoka

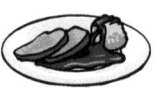

xwarina serekî

pääruoka

şêranî

jälkiruoka

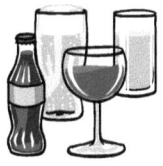

vexwarinan

juomat

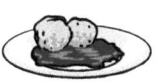

xwarin

ruoka

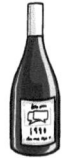

cam

pullo

xwarina lez

pikaruoka

xwarina rêyê

katuruoka

çaydanik

teekannu

qûtî şekirê

sokeriastia

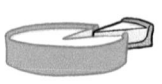

beş

annos

mekîna çêkirinê espresso

espressokeitin

kursiya bilînd

syöttötuoli

hesab

lasku

sênî

tarjotin

kêr

veitsi

çetel

haarukka

kevçî

lusikka

kevçiya çay

teelusikka

pêşgir

servietti

qedeh

lasi

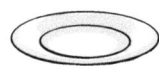

teyfik
lautanen

teyfika şorbe
syvä lautanen

piyale
aluslautanen

çênc
kastike

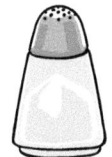

xwêdank
suolasirotin

qûtî bîbar
pippurimylly

sêk
etikka

rûn
öljy

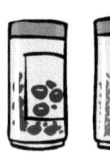

biharat
mausteet

ketçap
ketsuppi

mustard
sinappi

mayonêz
majoneesi

bazar
supermarketti

pêşkêşên taybet
tarjous
FOR
mişterî
asiakas
şîremenî
maitotuotteet
fêkî
hedelmät
erebe
ostoskärryt

BUTCHERS

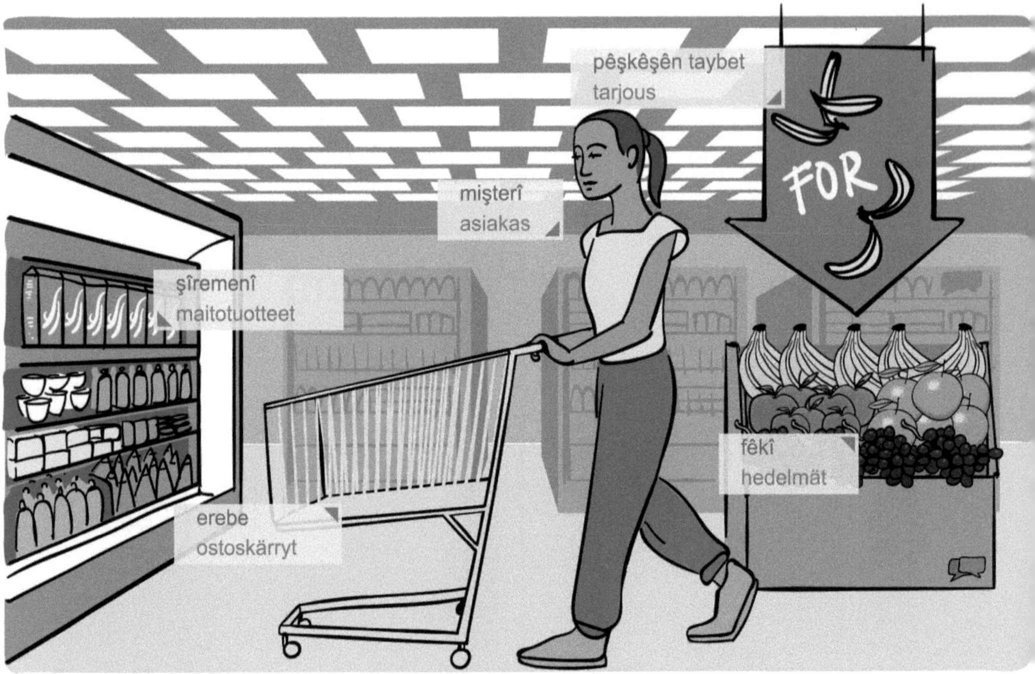

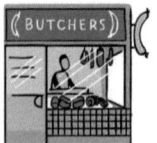

qesabî

teurastamo

BAKERY

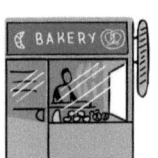

dikana nanpêj

leipomo

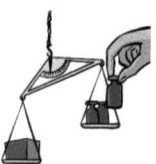

wezin kirin

punnita

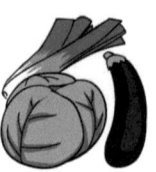

sebze

kasvikset

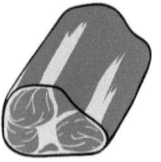

goşt

liha

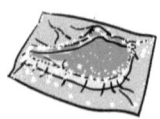

xwarinê cemedî

pakasteet

goştê sar

leikkele

xwarina pîlê

säilykkeet

xubarê paqijkirinê

pesujauhe

şirînî

makeiset

berhemên navxweyî

kotitaloustarvikkeet

berhemên paqijkirinê

puhdistusaineet

firoşyar

myyjä

xeznok

kassa

diravgir

kassanhoitaja

lîsta kirrînê

ostoslista

demên vekirî

aukioloajat

cizdan

lompakko

kartê qerzê

luottokortti

çewal

kassi

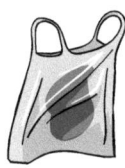

çente

muovipussi

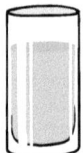

av

vesi

şerbet

mehu

şîr

maito

komir

kokis

şerab

viini

bîra

olut

alkol

alkoholi

kakwo

kaakao

çay

tee

qehwe

kahvi

espresso

espresso

kapoçîno

cappuccino

moz

banaani

sêv

omena

pirteqalî

appelsiini

gundor

meloni

lîmon

sitruuna

gêzer

porkkana

sîr

valkosipuli

qamir

bambu

pîvaz

sipuli

qarçik

sieni

gewîz

pähkinät

şihîre

spagetti

spagêttî

spagetti

birinc

riisi

selete

salaatti

çîps

ranskalaiset

peteteya biraştî

paistetut perunat

pîza

pitsa

hamburger

hampurilainen

nanok

voileipä

goştê stûyê berxî

leike

goştê hişkkirî

kinkku

salamê

salami

sosîs

makkara

mirîşk

kana

bijartin

paisti

masî

kala

şorbe bilûl

kaurahiutaleet

mûslî

mysli

kertên gilgilan

murot

ard

jauho

croissant

voisarvi

semûn

sämpylä

nan

leipä

tost

paahtoleipä

nanik

keksit

nivîşk

voi

mast

rahka

kulîçe

kakku

hêk

kananmuna

hêka qelandî

paistettu kananmuna

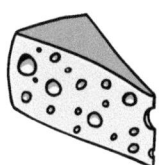

penîr

juusto

dondirme

jäätelö

şekir

sokeri

hingiv

hunaja

mireba

hillo

xameya nougat

suklaapähkinälevite

kurrî

curry

cotgeh
maatila

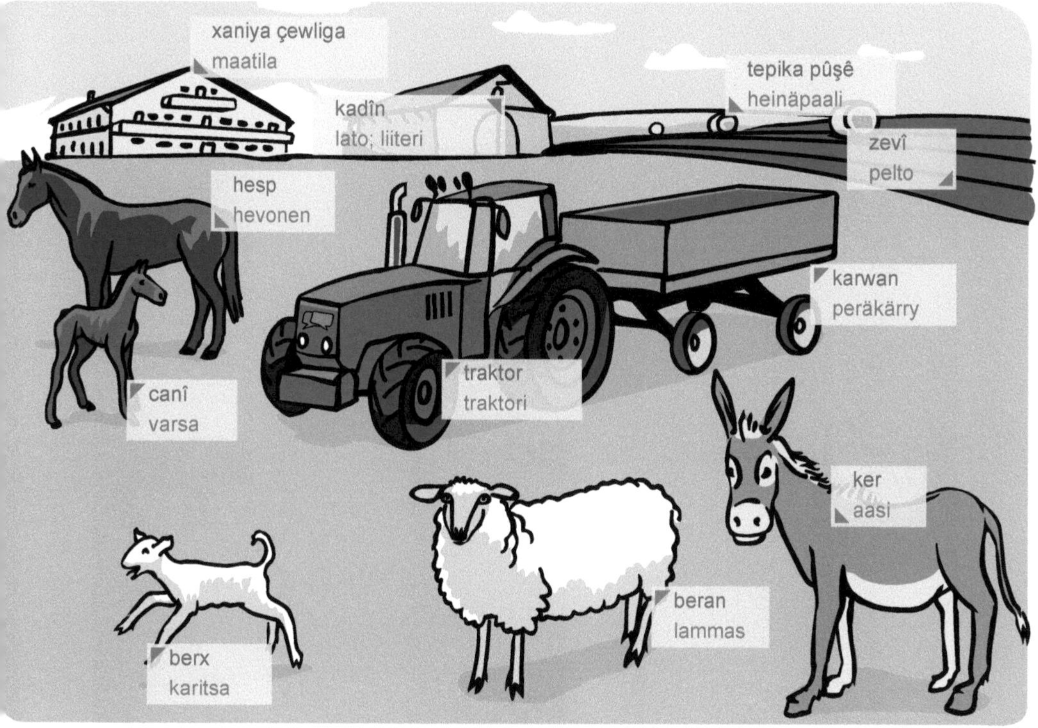
xaniya çewliga
maatila
kadîn
lato; liiteri
tepika pûşê
heinäpaali
zevî
pelto
hesp
hevonen
karwan
peräkärry
traktor
traktori
canî
varsa
ker
aasi
beran
lammas
berx
karitsa

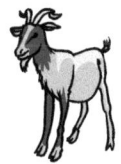

bizin

vuohi

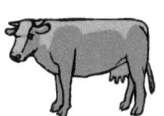

çêlek

lehmä

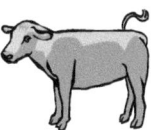

golik

vasikka

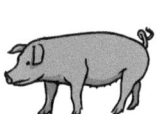

beraz

sika

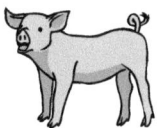

xinzîrk

porsas

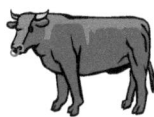

boxe

sonni

qaz
hanhi

miravî
ankka

cûçik
tipu

mirîşk
kana

keleşêr
kukko

circ
rotta

kitik
kissa

mişk
hiiri

ga
härkä

kûçik
koira

xaniya kûçikê
koirankoppi

xanî baxê
puutarhaletku

qûtîka avdanê
kastelukannu

şalûk
viikate

gasin
aura

das
....
sirppi

merbêr
....
kuokka

darsapik
....
talikko

bivir
....
kirves

destgere
....
kottikärryt

qûtî xwarina candaran
....
kaukalo

qûtî şîr
....
maitokannu

tûr
....
säkki

çeper
....
aita

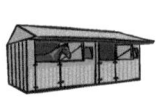

axur
....
talli

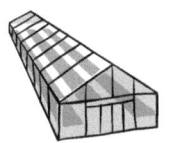

xana kulîlkan
....
kasvihuone

ax
....
maa

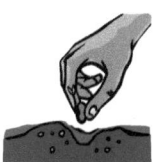

dendik
....
siemen

peyn
....
lannoite

kombayn
....
leikkuupuimuri

zad

kerätä sato

zad

sato

petete

jamssit

genim

vehnä

fasolî

soija

petete

peruna

dexl

maissi

dindik

rypsi

darê fêkî

hedelmäpuu

sêvê bin erdê

maniokki

zad

vilja

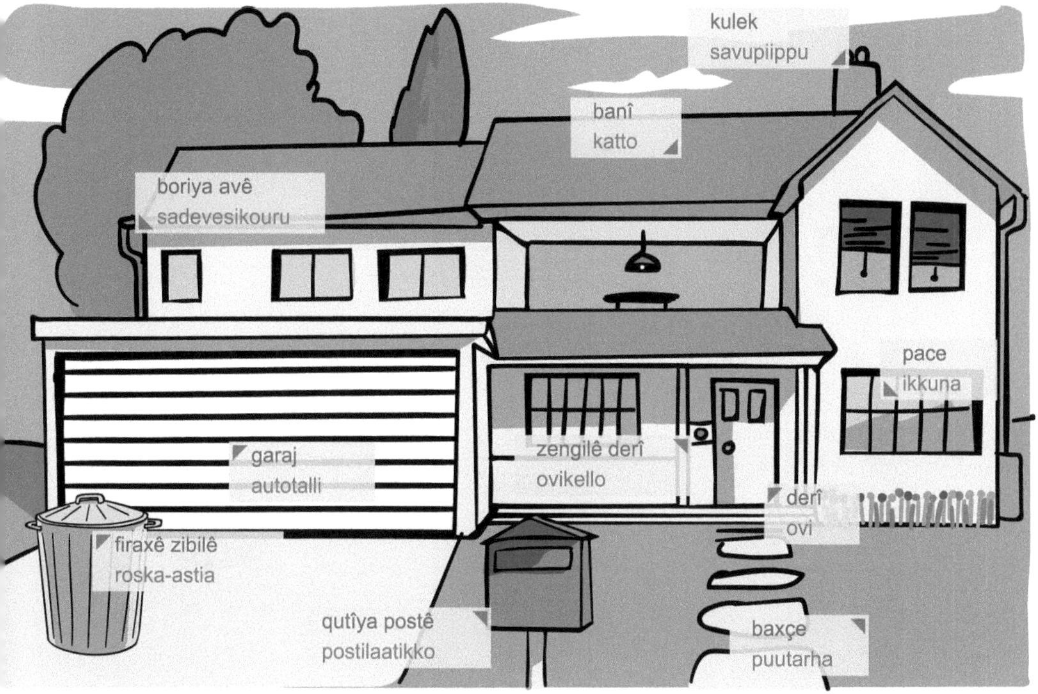

kulek
savupiippu

banî
katto

boriya avê
sadevesikouru

pace
ikkuna

garaj
autotalli

zengilê derî
ovikello

derî
ovi

firaxê zibilê
roska-astia

qutîya postê
postilaatikko

baxçe
puutarha

oda rûniştinê

olohuone

hemam

kylpyhuone

metbex

keittiö

oda xewê

makuuhuone

odeya zarok

lastenhuone

oda şîvê

ruokahuone

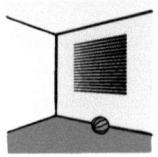

binî

lattia

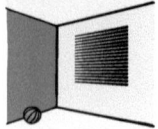

dîwar

seinä

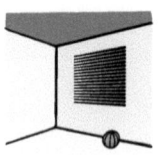

berban

katto

xenzik

kellari

sauna

sauna

balkon

parveke

berdanik

terassi

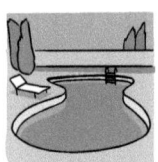

hewza melevanî

uima-allas

çîmen birr

ruohonleikkuri

melhefe

lakana

betanî

päiväpeitto

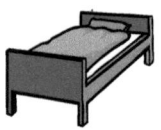

nivîn

sänky

gezik

harja

satil

ämpäri

kilîl

katkaisin

oda rûniştinê
olohuone

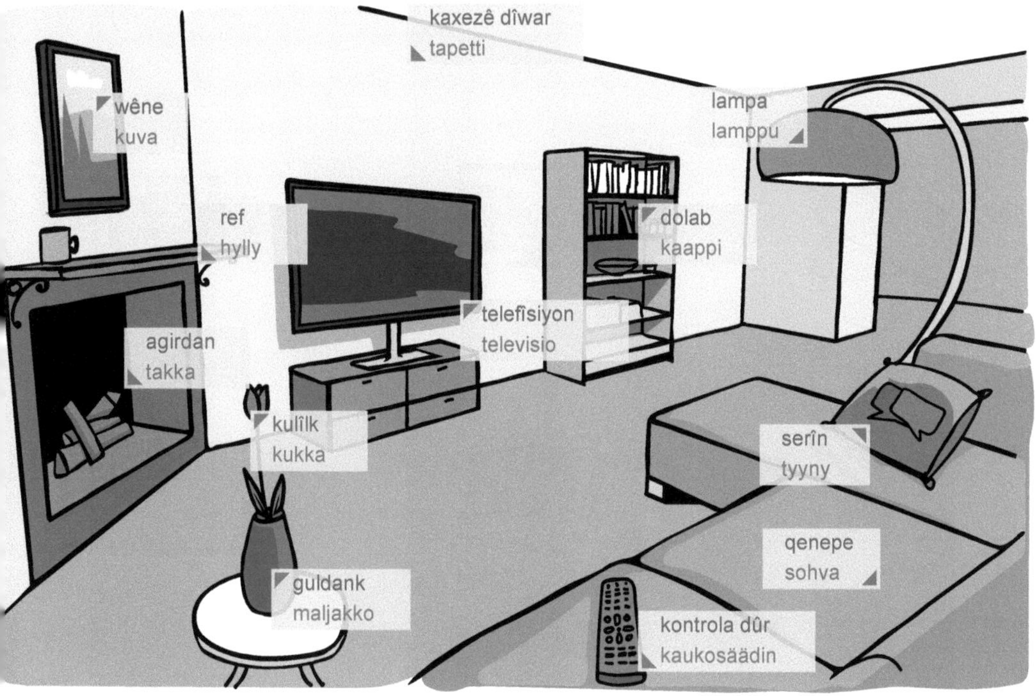

kaxezê dîwar
tapetti
wêne
kuva
lampa
lamppu
ref
hylly
dolab
kaappi
telefîsiyon
televisio
agirdan
takka
kulîlk
kukka
serîn
tyyny
qenepe
sohva
guldank
maljakko
kontrola dûr
kaukosäädin

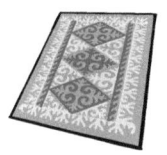

xalîçe

matto

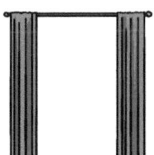

perde

verho

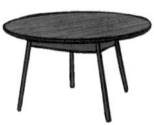

mêz

pöytä

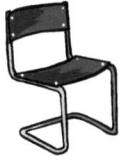

kursî

tuoli

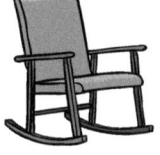

kursiya hejanok

keinutuoli

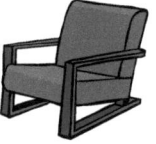

kursî

nojatuoli

pirtûk

kirja

betanî

peitto

xemilandin

koriste

êzing

polttopuut

fîlm

elokuva

hi-fi

stereot

kilîl

avain

rojname

sanomalehti

nîgar

maalaus

poster

juliste

radyo

radio

defter

muistivihko

sivnika elektrîkî

pölynimuri

kaktûs

kaktus

mom

kynttilä

metbex
keittiö

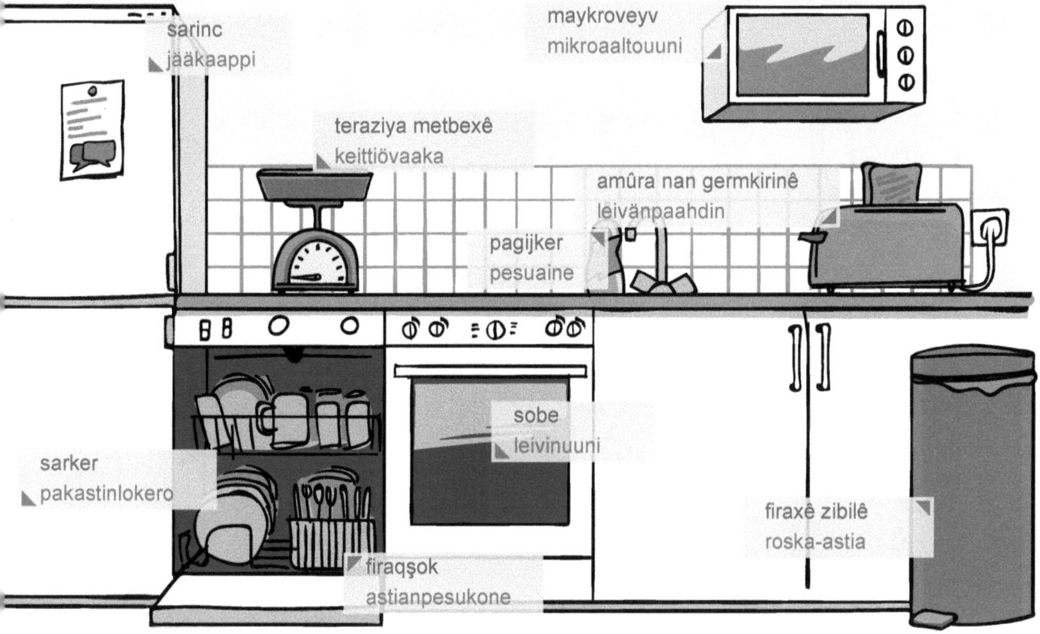
sarinc
jääkaappi
maykroveyv
mikroaaltouuni
teraziya metbexê
keittiövaaka
amûra nan germkirinê
leivänpaahdin
pagijker
pesuaine
sobe
leivinuuni
sarker
pakastinlokero
firaxê zibilê
roska-astia
firaqşok
astianpesukone

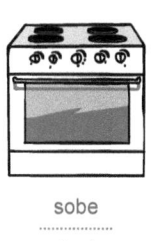

sobe
liesi

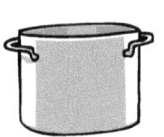

aman
kattila

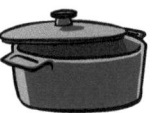

amaê ûtû
rautapata

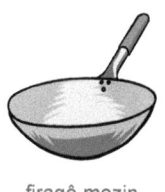

firaqê mezin
vokkipannu / kadai-pannu

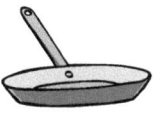

dîzik
paistinpannu

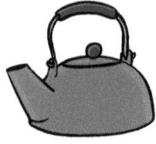

kelînk
teepannu

firaqê hilmê

höyrykeitin

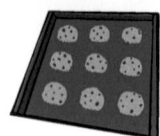

sênî nanê

uunipelti

firaq

astiat

piyale

muki

kasik

kulho

darê nanxwarin

syömäpuikot

hesk

kauha

kevçiya mezin

paistinlasta

rînek

vispilä

kefgîr

siivilä

bêjing

siivilä

rêşker

raastin

destar

mortteli

biraştin

grilli

agirê vala

avotuli

texteya birrînê

leikkuulauta

darikê tîrê

kaulin

devik badek

korkinavaaja

qûtî

purkki

qûtîvekir

purkinavaaja

cawê amanan

pannulappu

destşo

lavuaari

firçe

tiskiharja

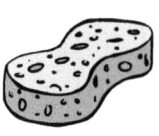

parazoa

pesusieni

tevdêr

tehosekoitin

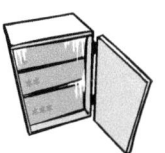

sarkerê cemedî

pakastin

şûşe bebikan

tuttipullo

henefî

vesihana

hemam

kylpyhuone

germijank
lämmitys
dûş
suihku
xawlî
pyyhe
perdeya hemamê
suihkuverho
kefê hemam
vaahtokylpy
hewza hemam
kylpyamme
qedeh
lasi
cilşok
pesukone
henefî
vesihana
acûr
kaakelit
tiwaleta zarokan
potta
destşo
lavuaari

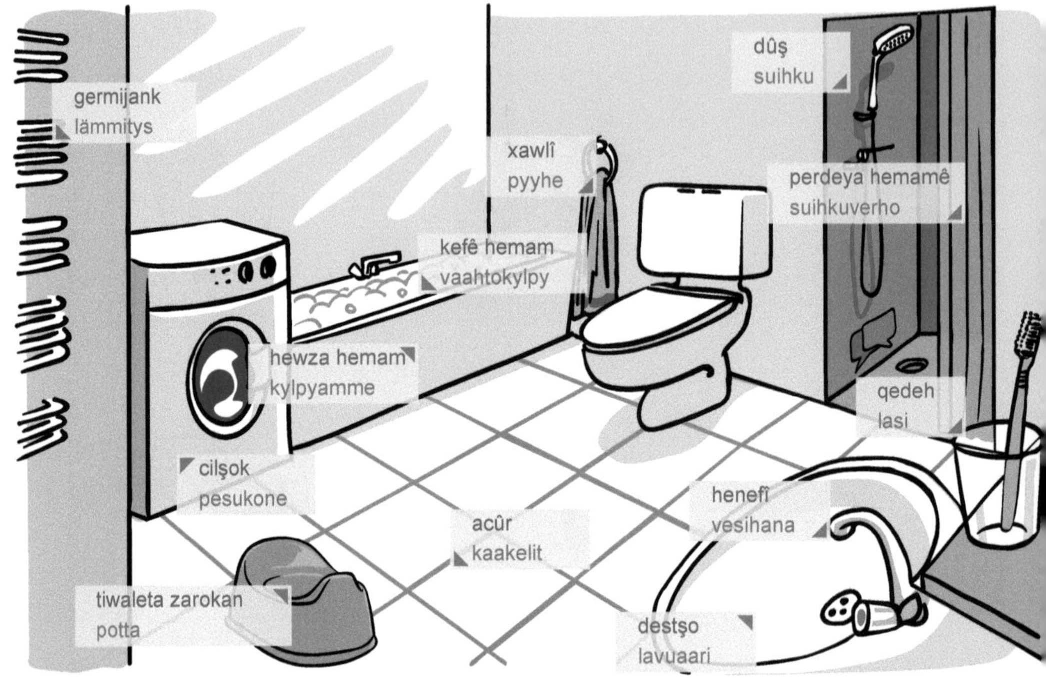

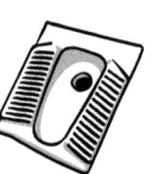

tiwalet

vessa

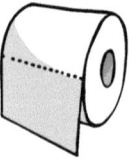

tiwaleta erdê

kyykkyvessa

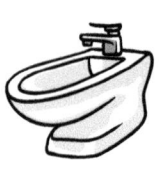

tiwalet

bidee

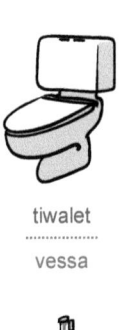

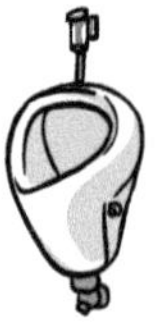

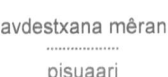

avdestxana mêran

pisuaari

kaxeza tiwalet

vessapaperi

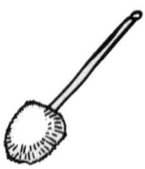

firşeya tiwalet

vessaharja

firçeya diran

hammasharja

mecûna diran

hammastahna

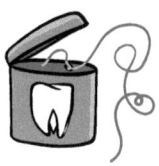

nexa didan

hammaslanka

şûştin

pestä

dûşê destê

käsisuihku

dûş

intiimisuihku

destşo

pesuvati

firça pişt

selkäharja

sabûn

saippua

cêlê hemam

suihkugeeli

şampo

shampoo

fanîle

pesulappu

zêrab

viemäri

kirêm

voide

bêhn xweşkir

deodorantti

mirêk

peili

mirêka destê

käsipeili

gûzan

partaveitsi

kefê teraşînê

partavaahto

mecûna piştî teraşînê

partavesi

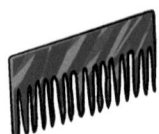

şeh

kampa

firçe

harja

por hîşikkir

hiustenkuivaaja

sipraya porê

hiuslakka

kozmetîk

meikki

soravk

huulipuna

rengê nînok

kynsilakka

pembû

pumpuli

meqesta nînok

kynsisakset

parfûm

hajuvesi

çewalê hemamê

kosmetiikkalaukku

kursiya bêpişt

jakkara

terazî

vaaka

kinca hemamê

kylpytakki

lepika lastîkê

kumihansikkaat

tampon

tamponi

xawliya paqijkirinê

terveysside

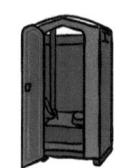

tiwaleta kîmîyewî

kemiallinen wc

odeya zarok
lastenhuone

demjimêrk
herätyskello
lîstok
pehmolelu
maşîna lîstok
leikkiauto
xişxişok
helistin
mala lîstok
nukkekoti
xelat
lahja

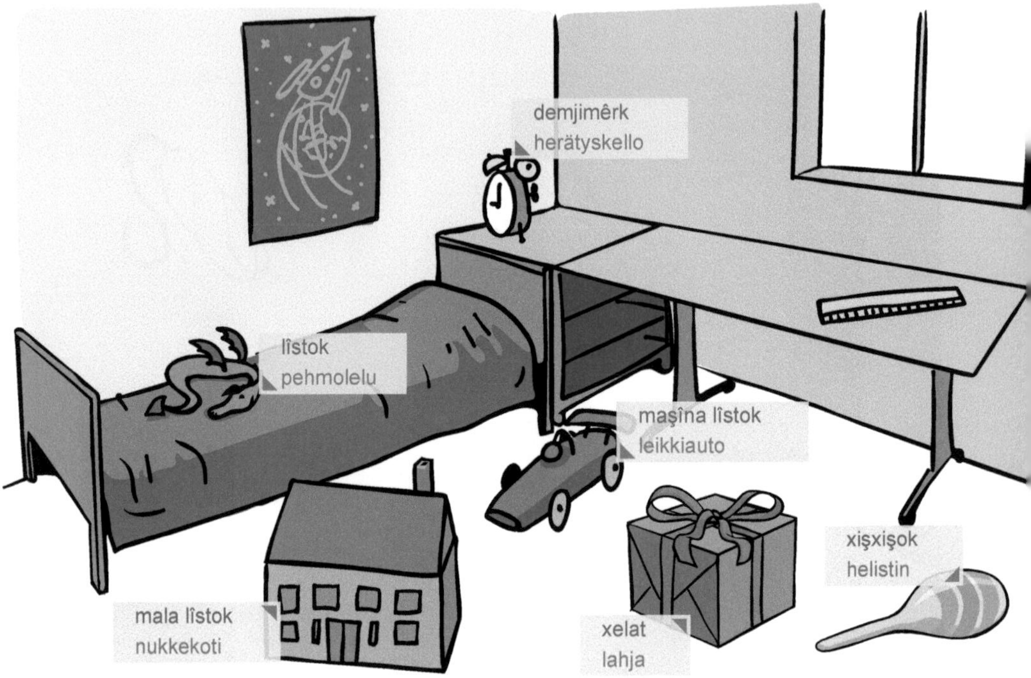

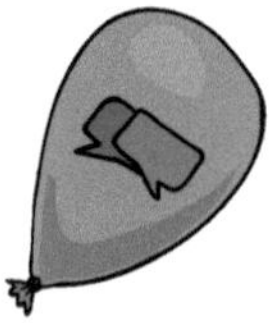

pifdank
ilmapallo

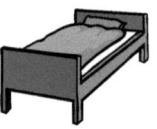

nivîn
sänky

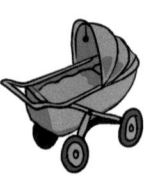

koçk
lastenvaunut

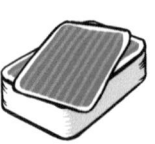

lîstika kartê
korttipeli

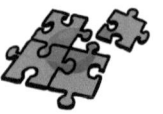

frîzbî
palapeli

komîk
sarjakuva

acûra lêgo

legopalikat

acûra lîstok

rakennuspalikat

bûke şûşe

supersankari

kinca bebikan

potkupuku

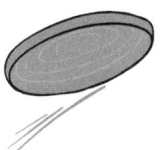

frizbee

frisbee

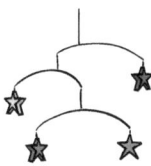

veguhestin

mobile

lîstikên texte

lautapeli

mor

noppa

modêla trênê

pienoisjunarata

memik

tutti

cejn

juhlat

kitêba wêne

kuvakirja

top

pallo

bûke şûşe

nukke

leyîstin

leikkiä

kuna xîzê

hiekkalaatikko

colane

keinu

lîstokan

lelut

lîstika vîdeoyî

pelikonsoli

sêçerxe

kolmipyörä

hirça lîstok

nalle

cildank

vaatekaappi

kinc

vaatteet

gore

sukat

gore

nylonsukat

derpêgorê

sukkahousut

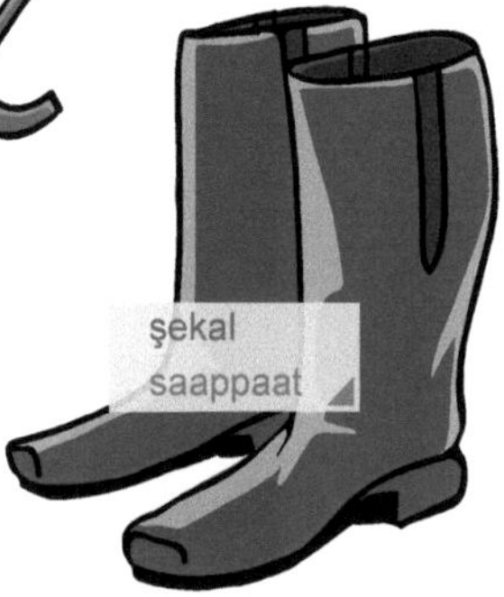

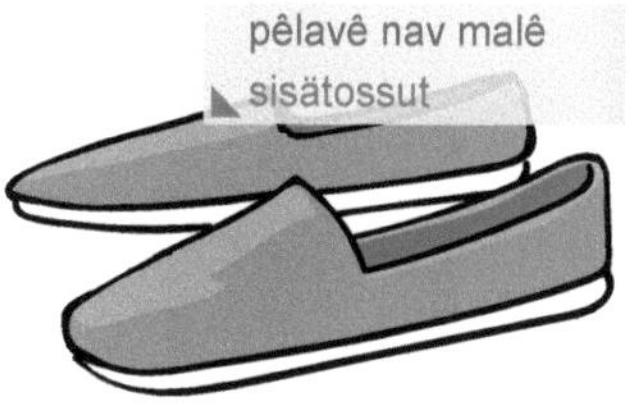

şal
kaulaliina

çetir
sateenvarjo

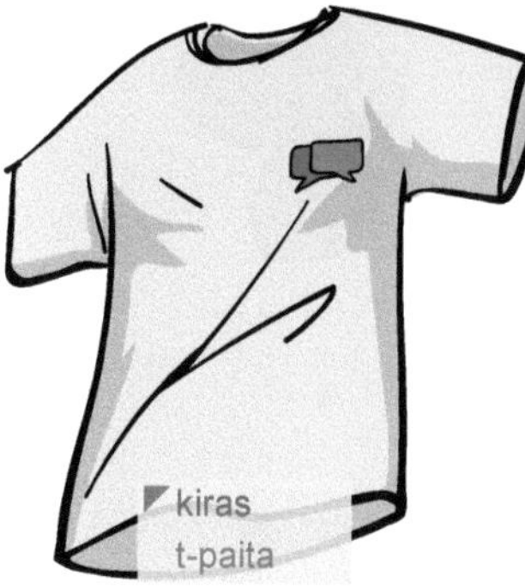

kiras
t-paita

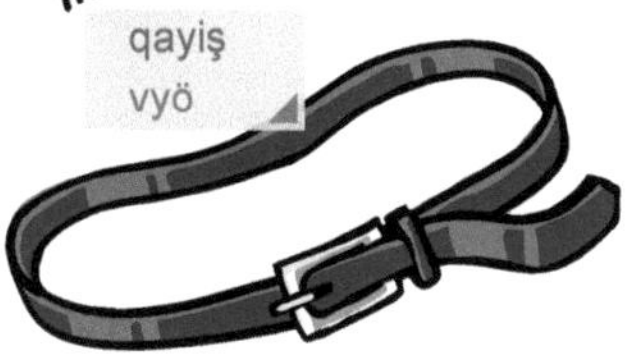

qayiş
vyö

şekal
saappaat

pêlavê nav malê
sisätossut

pêlav
lenkkarit

solik
sandaalit

sol
kengät

potîna çermê
kumisaappaat

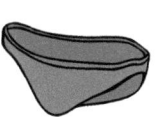

pantolê jêr
alushousut

pêsîrbend
rintaliivit

çekbend
aluspaita

cendek
body

pantol
housut

jeans
farkut

daman
hame

kiras
pusero

kiras
paita

fanêle
villapaita

fanêle
collegepaita

cakêt
jakku

sako
takki

çaket
takki

baranî
sadetakki

lebas
puku

fîstan
mekko

cilê dawetê
hääpuku

kostum

puku

pêcame

yöpaita

pêcame

pyjama

saree

shari

leçik

päähuivi

mêzer

turbaani

hêram

burka

kaftan

kaftaani

eba

abaya

kinca ajnêkirin

uimapuku

cilka melevanî

uimahousut

şort

shortsit

cila hêvojkarî

verkkarit

pêşmal

esiliina

lepik

käsineet

dûgme

nappi

berçavik

silmälasit

bazin

rannekoru

gerdenî

kaulakoru

gustîl

sormus

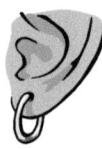

guhark

korvakoru

devik

lippalakki

hilavistek

ripustin

kûm

hattu

kirawat

solmio

zîp

vetoketju

serparêz

kypärä

derzî

henkselit

kinca dibistanê

koulupuku

yûnîform

univormu

berdilk
ruokalappu

memik
tutti

pundax
vaippa

ofîs
toimisto

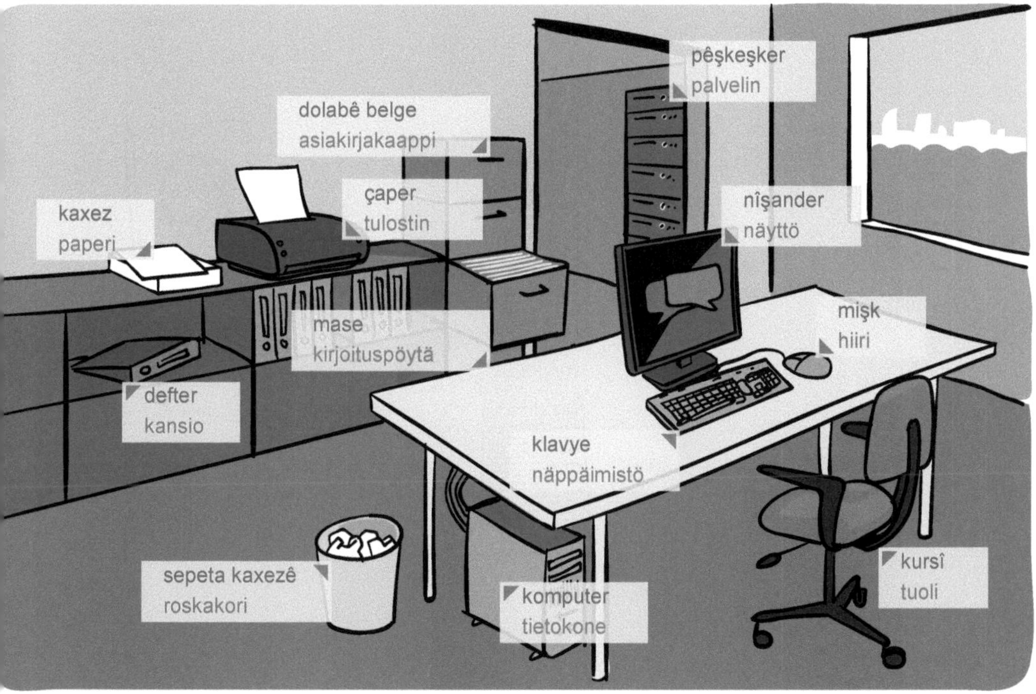

pêşkeşker
palvelin

dolabê belge
asiakirjakaappi

çaper
tulostin

nîşander
näyttö

kaxez
paperi

mişk
hiiri

mase
kirjoituspöytä

defter
kansio

klavye
näppäimistö

sepeta kaxezê
roskakori

kursî
tuoli

komputer
tietokone

kasika qehwe
kahvimuki

hesabker
taskulaskin

înternet
internet

komputera laptop

kannettava tietokone

name

kirje

peyam

viesti

telefona mobîl

kännykkä

tor

verkko

mekîna fotokopî

kopiokone

software

ohjelmisto

telefon

puhelin

socketa fîşek

pistorasia

mekîna faxê

faksi

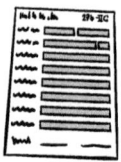

form

lomake

belge

asiakirja

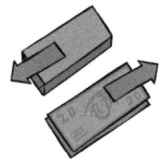

standin
ostaa

pere dan
maksaa

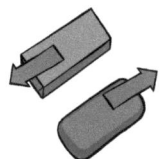

bazirganî
vaihtaa

pere
raha

dollar
dollari

yoro
euro

yenê Japonê
jeni

roblê Rûsî
rupla

firankê Swîsê
frangi

yuanê Çînê
renminbi juan

rûpee Hindî
rupia

mekîna jixwebera dirav
pankkiautomaatti

ofîsa pere veguhartinê

rahanvaihto

zêrr

kulta

zîv

hopea

neft

öljy

wize

energia

biha

hinta

peyman

sopimus

tax

vero

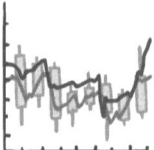

seham

osake

karkirin

työskennellä

karker

työntekijä

karda

työnantaja

fabrîka

tehdas

dikan

liike

profesyon
ammatit

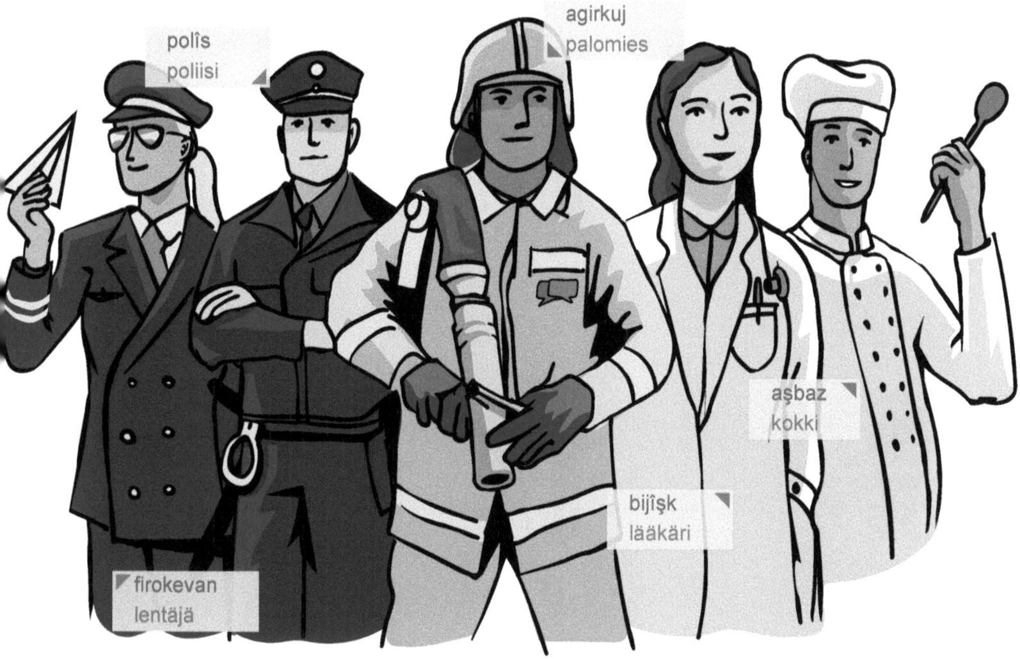
polîs
poliisi
agirkuj
palomies
aşbaz
kokki
bijîşk
lääkäri
firokevan
lentäjä

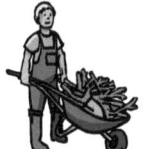

baxçevan

puutarhuri

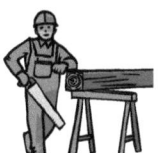

necar

puuseppä

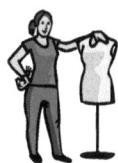

dirûnvan

ompelija

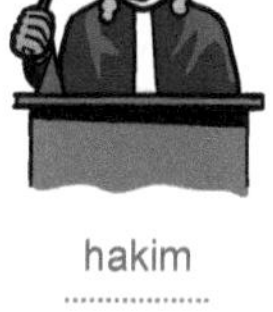

hakim

tuomari

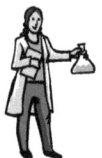

şîmyazan

kemisti

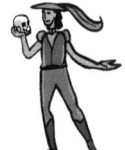

şanoger

näyttelijä

şufêrê basê

linja-autonkuljettaja

şufêrekî taksiyê

taksinkuljettaja

masîvan

kalastaja

pagijker

siivooja

çêkirê banî

katontekijä

berkar

tarjoilija

nêçirvan

metsästäjä

rengrês

maalari

nanpêj

leipuri

karebavan

sähköasentaja

avaker

rakentaja

endezyar

insinööri

qesab

teurastaja

lûlekar

putkiasentaja

postevan

postinjakaja

esker
sotilas

mîmar
arkkitehti

diravgir
kassanhoitaja

firotkara çîçekan
floristi

porçêker
kampaaja

ajovan
konduktööri

mekanîk
mekaanikko

keştîvan
kapteeni

pizîşka didanan
hammaslääkäri

zanistyar
tiedemies

rûhan
rabbi

îmam
imaami

keşe
munkki

keşîş
pappi

amûran
työkalut

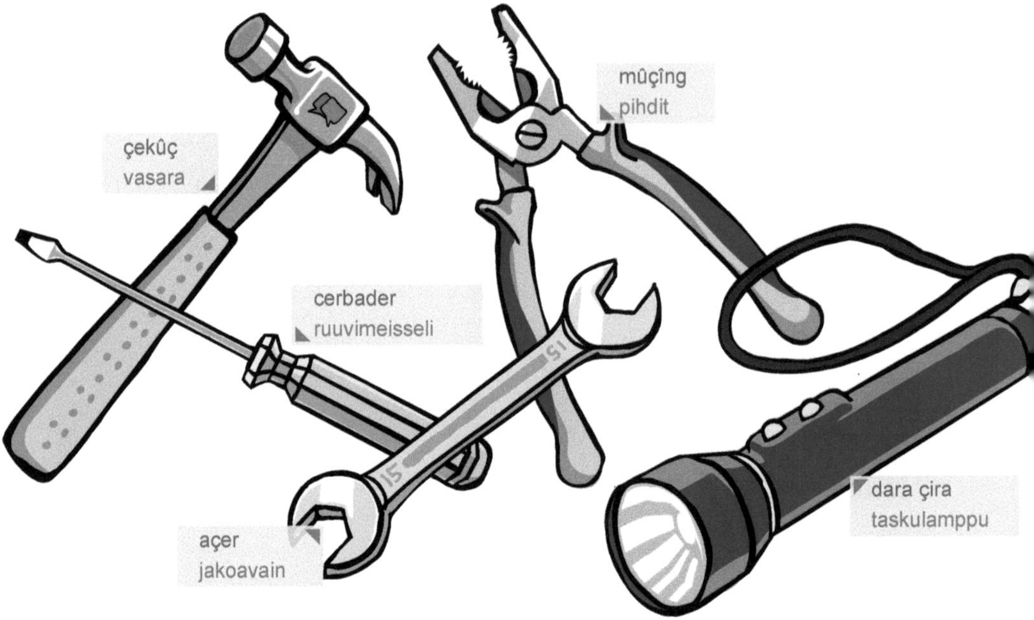

çekûç
vasara
mûçîng
pihdit
cerbader
ruuvimeisseli
açer
jakoavain
dara çira
taskulamppu

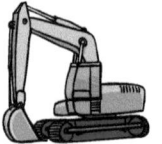

şofel
kaivinkone

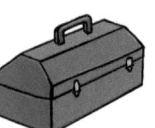

qûtiya amûran
työkalupakki

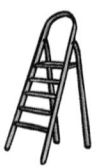

peyje
tikkaat

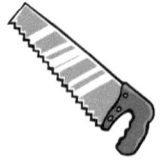

mişar
saha

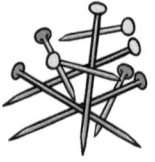

mîx
naulat

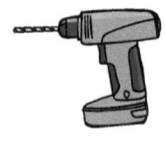

qulkirin
pora

çêkirin
korjata

merbêr
lapio

nalet!
Hitto!

bêl
rikkalapio

qûtiya rengê
maalipurkki

cerr
ruuvit

amûrên mûzîkê
soittimet

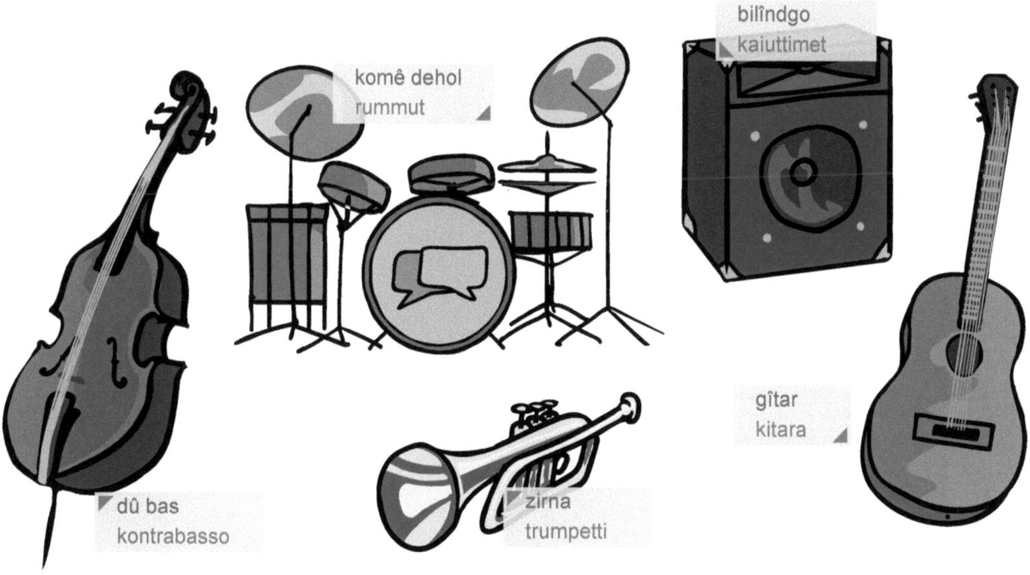

bilîndgo
kaiuttimet

komê dehol
rummut

gîtar
kitara

dû bas
kontrabasso

zirna
trumpetti

piyano

piano

viyolîn

viulu

bas

basso

dehol

patarummut

dahol

rumpu

keyboard

kosketinsoitin

saksofon

saksofoni

bilûr

huilu

mîkrofon

mikrofoni

baxça heywanan
eläintarha

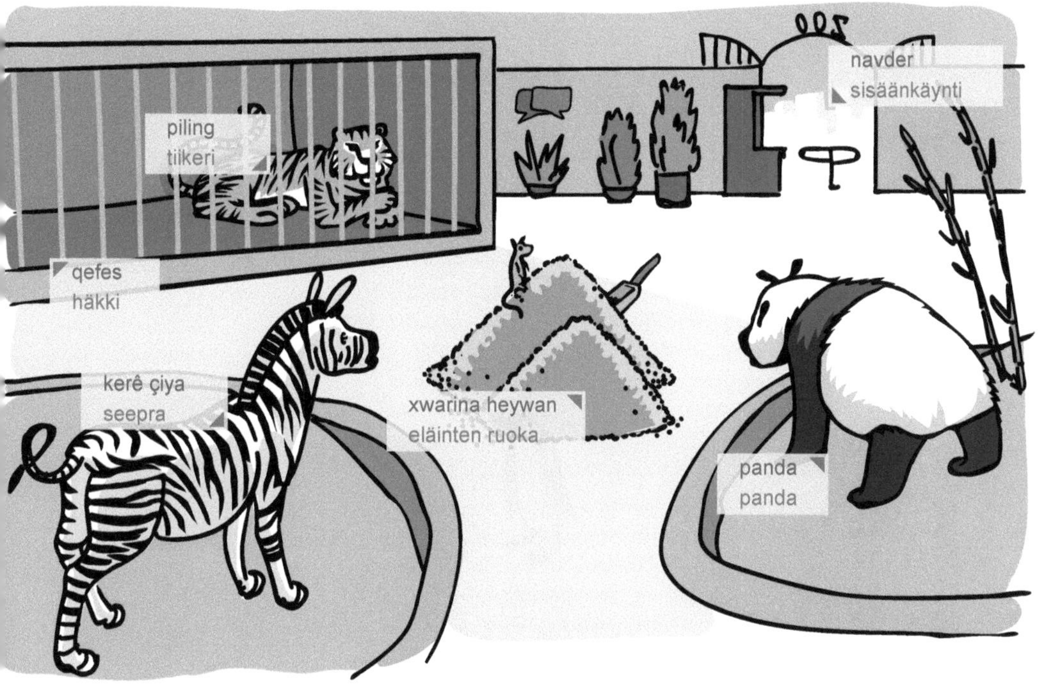

navder
sisäänkäynti
piling
tiikeri
qefes
häkki
kerê çiya
seepra
xwarina heywan
eläinten ruoka
panda
panda

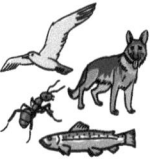

heywan

eläimet

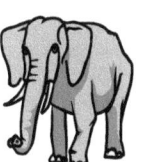

fîl

norsu

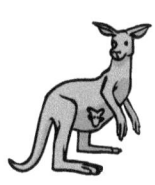

kangarû

kenguru

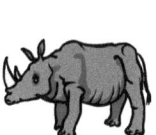

kerkeden

sarvikuono

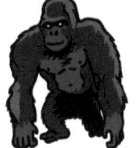

gorîl

gorilla

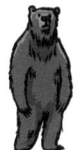

hirç

karhu

hêştir

kameli

hêştirme

strutsi

şêr

leijona

meymûn

apina

flamîngo

flamingo

papaxan

papukaija

hirça cemserî

jääkarhu

penguîn

pingviini

semasî

hai

tawûs

riikinkukko

mar

käärme

timsah

krokotiili

parêzera baxça ajalan

eläintarhanhoitaja

seya derya

hylje

piling

jaguaari

hesp

poni

piling

leopardi

hespê rûbar

virtahepo

canhêştir

kirahvi

helo

kotka

berazê kovî

villisika

masî

kala

kûsî

kilpikonna

walras

mursu

rovî

kettu

xezal

gaselli

fûtbolê Amerîka
amerikkalainen jalkapallo

bisiklêtan
pyöräily

tenîs
tennis

baskêtbol
koripallo

avjenîkirin
uinti

boxing
nyrkkeily

hokeya ser cemedê
jääkiekko

fûtbol
....
jalkapallo

badminton
....
sulkapallo

yê atletîzmê
....
yleisurheilu

hendbol
....
käsipallo

befirajotin
....
hiihto

polo
....
poolo

hilpeke
hypätä

hembêz
halata

kenîn
nauraa

birêveçûn
kävellä

lawje gutin
laulaa

xewn dîtin
unelmoida

nimêj kirin
rukoilla

maçkirin
suudella

nivîsandin

kirjoittaa

nîgar kêşan

piirtää

nîşan dan

näyttää

paldan

painaa

dayîn

antaa

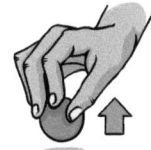

rakirin

ottaa

heyîn

omistaa

kirin

tehdä

bûn

olla

sekinîn

seisoa

bazdan

juosta

kişandin

vetää

avêtin

heittää

ketin

kaatua

derew kirin

maata

sekinîn

odottaa

guhêztin

kantaa

rûniştin

istua

cil berkirin

pukeutua

razan

nukkua

rabûn

herätä

mêze kirin

katsoa

girîn

itkeä

celte

silittää

şe kirin

kammata

peyvîn

puhua

famkirin

ymmärtää

pirskirin

kysyä

bihîstin

kuunnella

vexwarin

juoda

xwarin

syödä

kom kirin

siivota

hezkirin

rakastaa

xwarin çêkirin

keittää

ajotin

ajaa

firrîn

lentää

kesştîvanî

purjehtia

hesibandin

laskea

xwandin

lukea

hînbûn

oppia

karkirin

työskennellä

zewicîn

mennä naimisiin

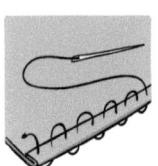

dirûtin

ommella

didan şûtin

pestä hampaat

kuştin

tappaa

dûxan

tupakoida

şandin

lähettää

dapîr
mummo

bapîr
ukki

bav
isä

dê
äiti

bebek
vauva

keç
tytär

kur
poika

mêvan
vieras

met
täti

ap/xal
setä

bira
veli

xwîşl
sisko

beden

vartalo

enî
otsa
çav
silmä
mil
olkapää
tilî
sormet
rû
kasvot
zenî
leuka
dest
käsi
ling
jalka
sîng
rinta
pîl
käsivarsi

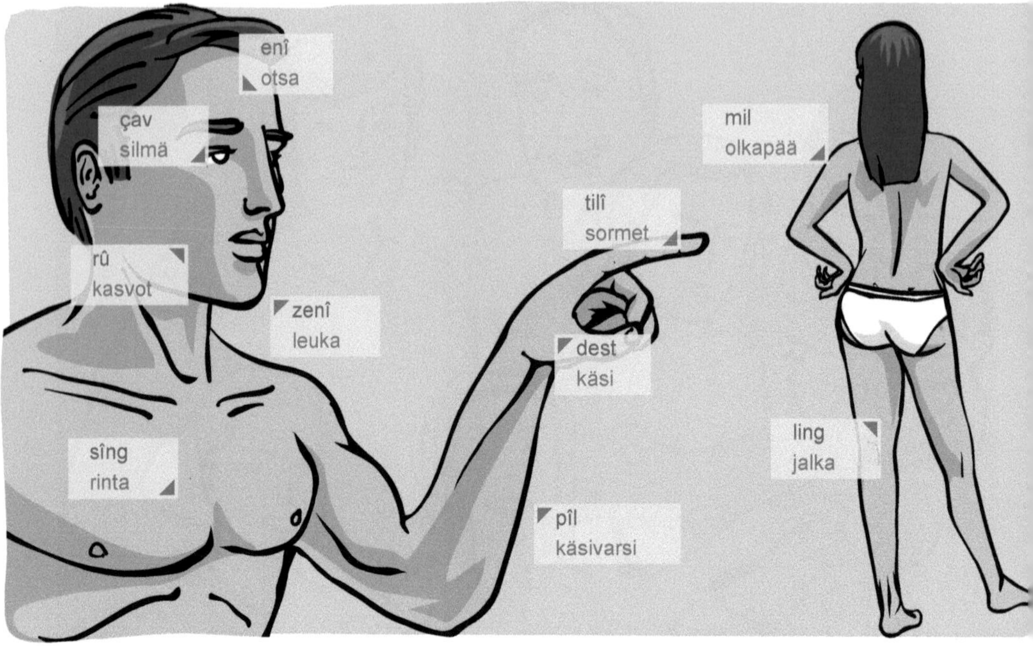

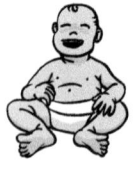

bebek

vauva

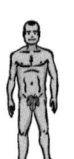

mêr

mies

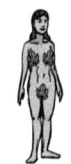

jin

nainen

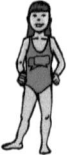

keç

tyttö

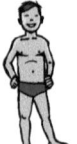

kor

poika

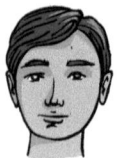

ser

pää

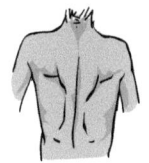

pişt

selkä

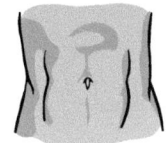

zik

maha

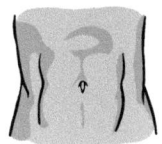

navik

napa

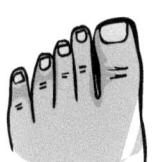

tilîya pê

varvas

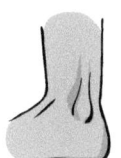

panî

kantapää

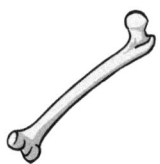

hestî

luu

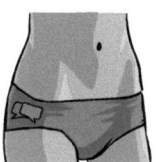

kûlîmek

lantio

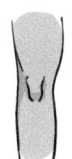

jûnî

polvi

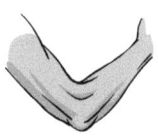

enîşk

kyynärpää

difn

nenä

qûn

takapuoli

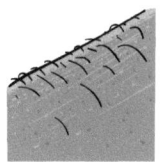

çerm

iho

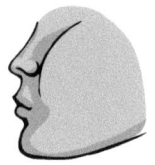

rû

poski

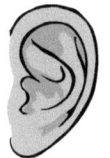

gûh

korva

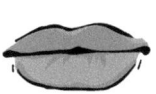

lêv

huuli

dev

suu

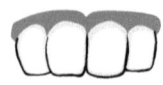

diran

hammas

ziman

kieli

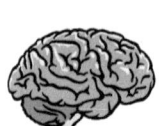

mêjî

aivot

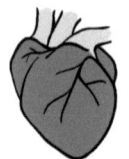

dil

sydän

masûl

lihas

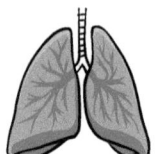

cîgera spî

keuhkot

ceger

maksa

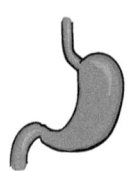

made

vatsa

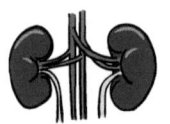

gûrçikan

munuaiset

cotbûn

seksi

kondom

kondomi

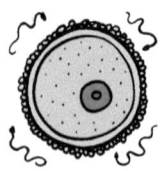

hêk

munasolu

tov

sperma

dûcanî

raskaus

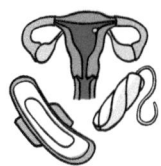

ade

kuukautiset

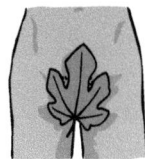

qûz

vagina

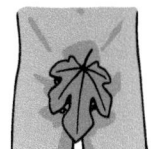

kîr

penis

birû

kulmakarvat

por

hiukset

hûstû

niska

nexweşxane
sairaala

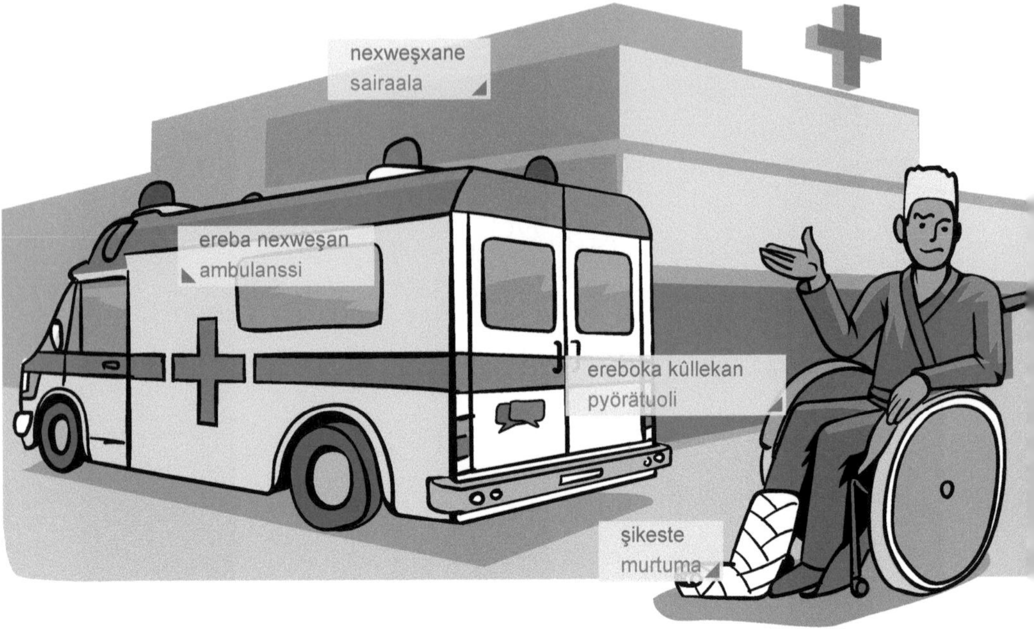

nexweşxane
sairaala
ereba nexweşan
ambulanssi
ereboka kûllekan
pyörätuoli
şikeste
murtuma

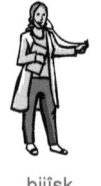

bijîşk
lääkäri

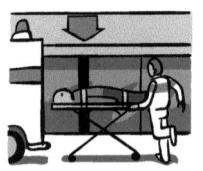

oda lezgînê
ensiapu

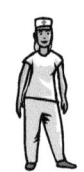

nexweşyar
sairaanhoitaja

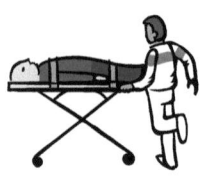

acîlîyet
hätätilanne

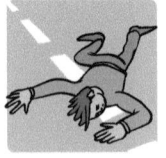

bêhay
tajuton

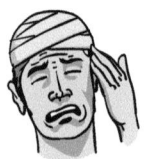

êş
kipu

birîn

vamma

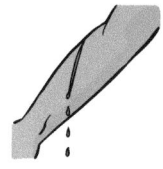

xwînpijan

verenvuoto

hêrişa dilî

sydänkohtaus

celte

aivoinfarkti

alerjî

allergia

kuxik

yskä

ta

kuume

zikam

flunssa

navçûyin

ripuli

serêş

päänsärky

qansêr

syöpä

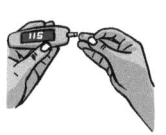

nexweşiya şekirê

diabetes

emelîkar

kirurgi

skalpêl

veitsi

emelî

leikkaus

CT
ct

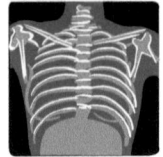

sûretê rontgên
röntgen

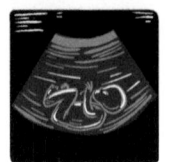

ûltrasawnd
ultraääni

maskê rûyê
maski

nexweşî
sairaus

oda sekinînê
odotushuone

goçan
sauva

şêl
laastari

paçê birînpêçanê
side

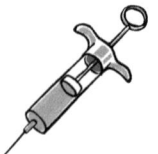

derzî
pistos

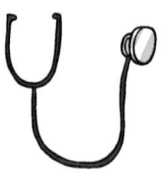

bîstoka pizîşkî
stetoskooppi

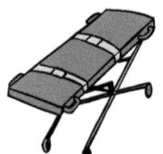

darbest
paarit

têhnpîva klînîkê
kuumemittari

zayîn
syntymä

qelew
ylipaino

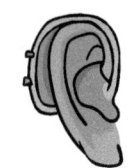

alîkariya bihîstinê

kuulolaite

bakterîkuj

desinfiointiaine

kotîbûn

infektio

vîrûs

virus

HIV / AIDS

HIV / AIDS

derman

lääke

kutan

rokotus

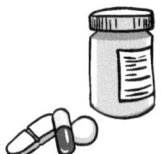

heban

tabletit

heb

pilleri

lezgîn

hätäpuhelu

dîmenderê pesto xwîn

verenpainemittari

nexweş / sax

sairas / terve

Hewar!

alarm

êrîş

Apua!

hälytys

ryöstö

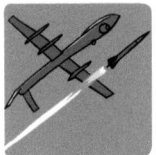

êrîşkirin

talûk

derketina acil

hyökkäys

vaara

hätäuloskäynti

agir!

agir vemirandinê

qeza

Tulipalo!

palosammutin

onnettomuus

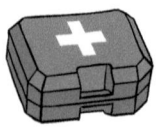

aletên alîkariya yekem

SOS

polîs

ensiapulaukku

SOS

poliisilaitos

Ewropa

Eurooppa

Amerîkaya Bakûr

Pohjois-Amerikka

Amerîkaya Başûr

Etelä-Amerikka

Afrîka

Afrikka

Asya

Aasia

Awustralya

Australia

Atlantîk

Atlantin valtameri

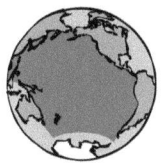

Okyanûsa Mezin

Tyynimeri

Okyanûsa Hindî

Intian valtameri

Okyanûsa Antarktîka

Eteläinen jäämeri

Okyanûsa Arktîk

Pohjoinen jäämeri

Cemsera Bakûr

pohjoisnapa

Cemsera Başûr
etelänapa

Antarktîka
Antarktis

erd
maa

ax
maa

behir
meri

dûrge
saari

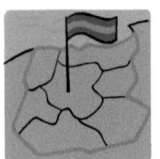

milllet
kansa

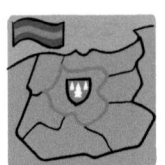

welat
osavaltio

rûyê saet

kellotaulu

nişanderka demjimêr

tuntiviisari

nişanderka deqe

minuuttiviisari

nişanderka saniye

sekuntiviisari

Seet çende?

Paljonko kello on?

roj

päivä

dem

aika

niha

nyt

saetê dicîtal

digitaalikello

deqe

minuutti

seet

tunti

hefte
viikko

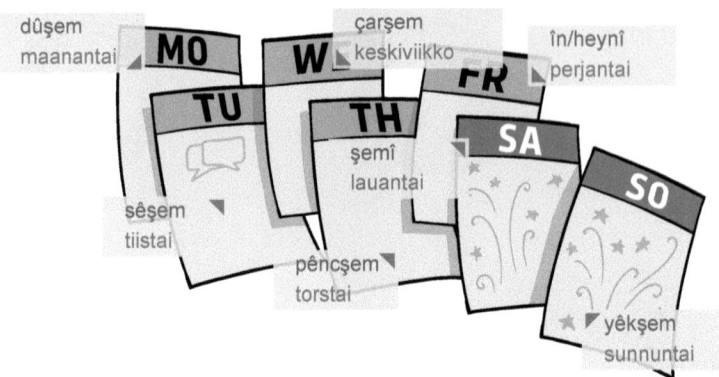

dûşem
maanantai

çarşem
keskiviikko

în/heynî
perjantai

şemî
lauantai

sêşem
tiistai

pêncşem
torstai

yêkşem
sunnuntai

duh

eilen

îro

tänään

sibey

huomenna

sibe

aamu

nîvro

keskipäivä

êvar

ilta

rojên karê

työpäivät

dawiya hefte

viikonloppu

sal
vuosi

keskesor
sateenkaari
baran
sade
befir
lumi
ba
tuuli
bihar
kevät
payîz
syksy
havîn
kesä
zivistan
talvi

4.APRIL 11°
5.APRIL 4°
6.APRIL 13°
7.APRIL 8°
8.APRIL 10°

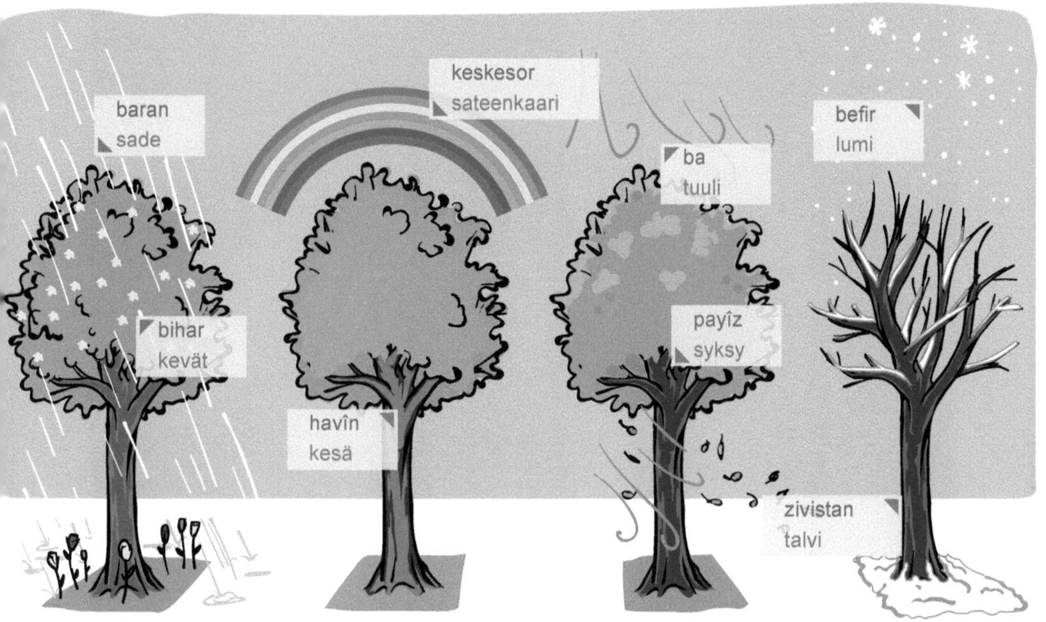

pêşbîniya hewa

sääennuste

F C
120 40
90 30
60 20
30 10
0 0
-30 -10
-20

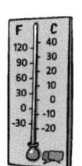

tehnpîv

lämpömittari

tav

auringonpaiste

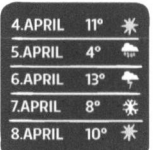

hewr

pilvi

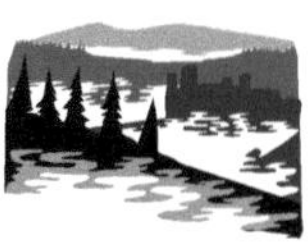

mij

sumu

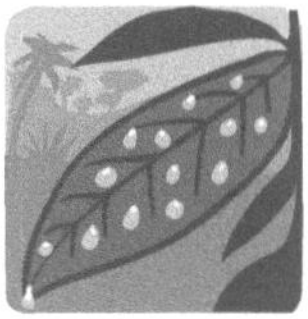

hêmî

ilmankosteus

birq

salama

brûsk

ukkonen

tofan

myrsky

terg

rae

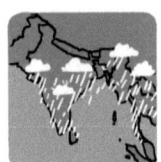

mansûn

monsuuni

lehî

tulva

cemed

jää

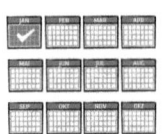

rêbendan

tammikuu

reşeme

helmikuu

newroz

maaliskuu

gulan

huhtikuu

cozerdan

toukokuu

pûşper

kesäkuu

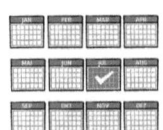

gelawêj

heinäkuu

xermanan

elokuu

rezber
syyskuu

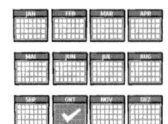

kewçêr
lokakuu

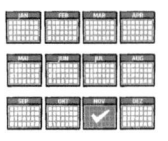

sermawez
marraskuu

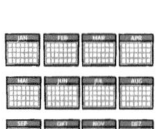

befranbar
joulukuu

şêwe
muodot

çember
ympyrä

çarçik
neliö

çarqozî
suorakulmio

sêqozî
kolmio

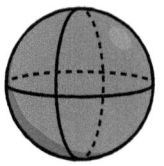

qada
pallo

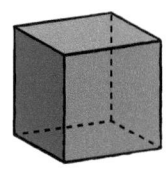

xiştek
kuutio

sipî

valkoinen

zer

keltainen

pirteqalî

oranssi

pembe

vaaleanpunainen

sor

punainen

mor

violetti

şîn

sininen

kesik

vihreä

qehweyî

ruskea

gewr

harmaa

reş

musta

zor / kêm

paljon / vähän

bi hêrs / bêdeng

vihainen / ystävällinen

bedew / nerind

kaunis / ruma

destpêk / dawî

alku / loppu

mezin / biçûk

suuri / pieni

ronî / tarî

vaalea / tumma

brak / xwişk

veli / sisko

pagij / girêj

puhdas / likainen

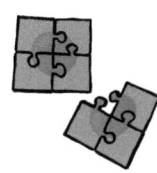

tevî / netemam

täydellinen / epätäydellinen

roj / şev

päivä / yö

mirî / zindî

kuollut / elävä

fire / teng

leveä / kapea

xweş / nexweş

syötävä / syömäkelvoton

nebaş / baş

paha / kiltti

bi heyecan / aciz

innostunut / tylsistynyt

qelew / zirav

lihava / laiha

yekemîn / dawîn

ensimmäinen / viimeinen

heval / dijmin

ystävä / vihollinen

tijî / vala

täysi / tyhjä

req / nerm

kova / pehmeä

giran / sivik

painava / kevyt

birçî / tînî

nälkä / jano

nexweş / sax

sairas / terve

neqanûnî / qanûnî

laiton / laillinen

rewşenbîr / balûle

älykäs / tyhmä

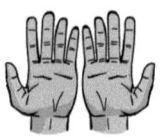

çep / rast

vasen / oikea

nêzî / dûr

lähellä / kaukana

nû / bikarhatî

uusi / käytetty

hîç / tiştek

ei mitään / jotain

kal / ciwan

vanha / nuori

li / ji

päällä / pois päältä

vekirî / girtî

auki / kiinni

aram / dengbilind

hiljainen / äänekäs

dewlemend / reben

rikas / köyhä

rast / şaş

oikein / väärin

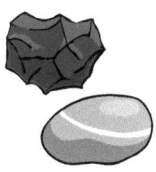

dirr / hilû

karhea / sileä

xemgîn / şa

surullinen / iloinen

kurt / dirêj

lyhyt / pitkä

hêdî / zû

hidas / nopea

şil / ziwa

märkä / kuiva

germ / hênik

lämmin / viileä

şerr / aşitî

sota / rauha

0

sifir

nolla

1

yek

yksi

2

dû

kaksi

3

sê

kolme

4

çar

neljä

5

pênc

viisi

6

şeş

kuusi

7

heft

seitsemän

8

heşt

kahdeksan

9

neh

yhdeksän

10

deh

kymmenen

11

yazde

yksitoista

12
dazde
kaksitoista

13
sêzde
kolmetoista

14
çarde
neljätoista

15
pazde
viisitoista

16
şazde
kuusitoista

17
hefde
seitsemäntoista

18
hejde
kahdeksantoista

19
nozdeh
yhdeksäntoista

20
bîst
kaksikymmentä

100
sed
sata

1.000
hezar
tuhat

1.000.000
milyon
miljoona

Inglîzî

englanti

Inglîziya Amerîkî

amerikanenglanti

Çînî Mandarîn

mandariinikiina

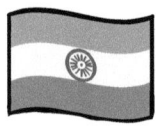

Hindî

hindi

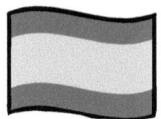

Îspanyolî

espanja

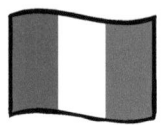

Frensî

ranska

Erebî

arabia

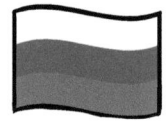

Rûsî

venäjä

Portugalî

portugali

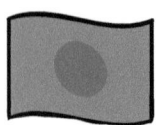

Bengalî

bengali

Elmanî

saksa

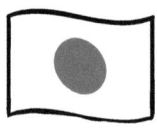

Japonî

japani

min

minä

tu

sinä

ew / ev / ew

hän

em

me

tu

te

ew

he

kî?

kuka?

çi?

mitä / mikä?

çawa?

miten?

kû?

missä?

kengî?

milloin?

nav

nimi

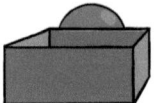

piştî

takana

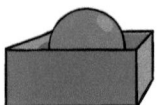

li

sisällä

pêşî

edessä

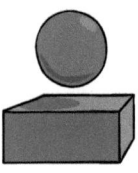

ser

yläpuolella

ser

päällä

bin

alapuolella

kêlek

vieressä

navber

välissä

cih

paikka